Mademoiselle Caroline

DELCOURT

Tout commença un beau jour de septembre 1996,
à Paris, rue du Dragon, 16 h 31.

Toi, j't'épouserai et j'te ferai plein d'enfants !
T'es malade ou quoi ?
T'es qui d'abord ?
ESAG PENNINGHEN 1996

6 ans plus tard,
me voilà donc maman.

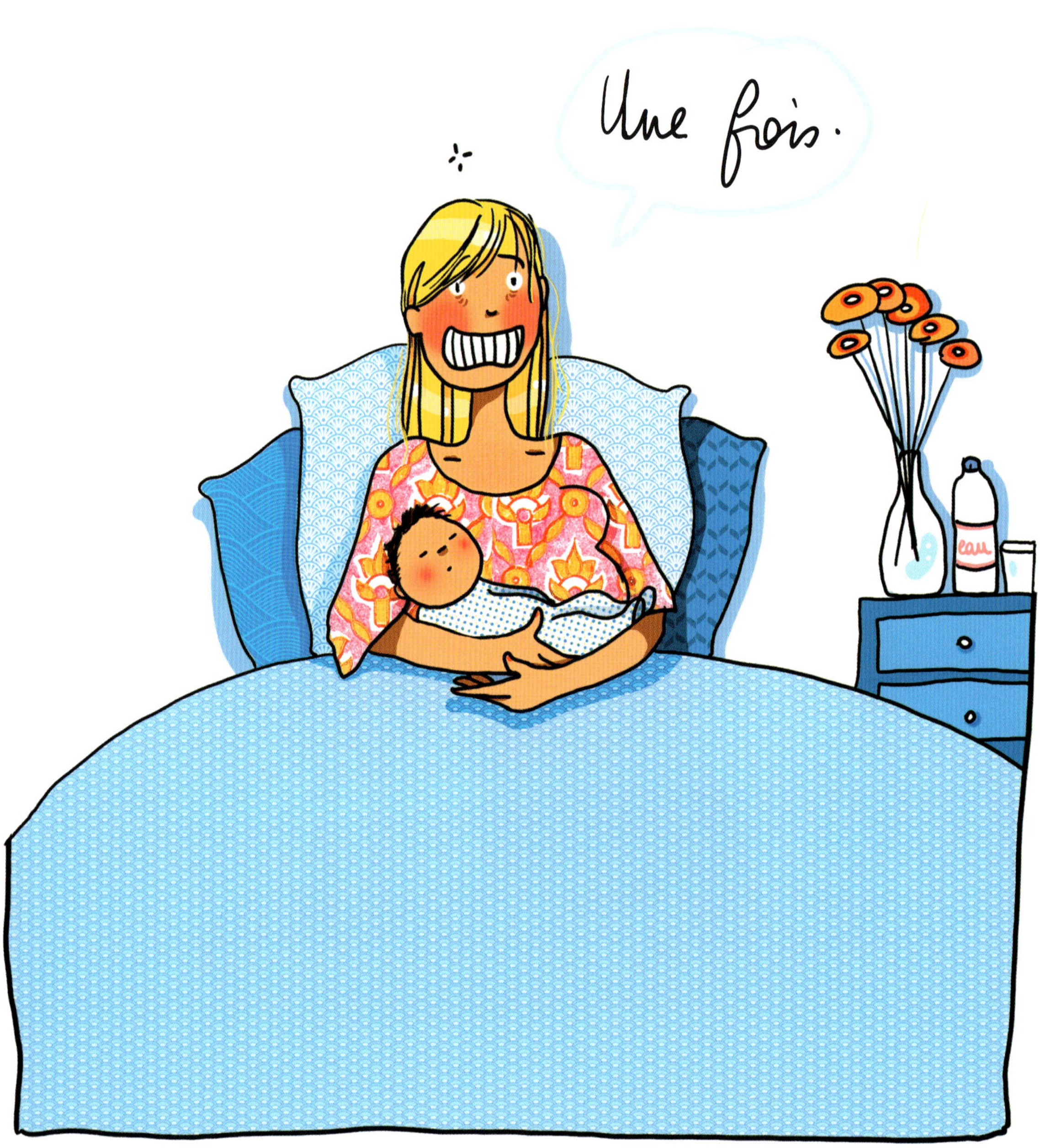

Puis trois fois d'un coup!

Mais pour cela, il a fallu passer par un moment délicieux, celui du travail, des contractions, des tranchées, de la délivrance, autrement dit, celui de L'ACCOUCHEMENT.

Petit récapitulatif non exhaustif des humiliations subies (va rester digne après ça)

L'anesthésiste qui vous prend pour une conne

Phrase réellement prononcée par une idiote incompétente, juin 2007, hôpital d'Annecy.

Des années plus tard, j'apprendrai que cette CONNASSE m'avait VRAIMENT mal piquée, et que je souffrais temporairement du syndrome Claude Bernard-Horner...

La phrase qui fait plaisir

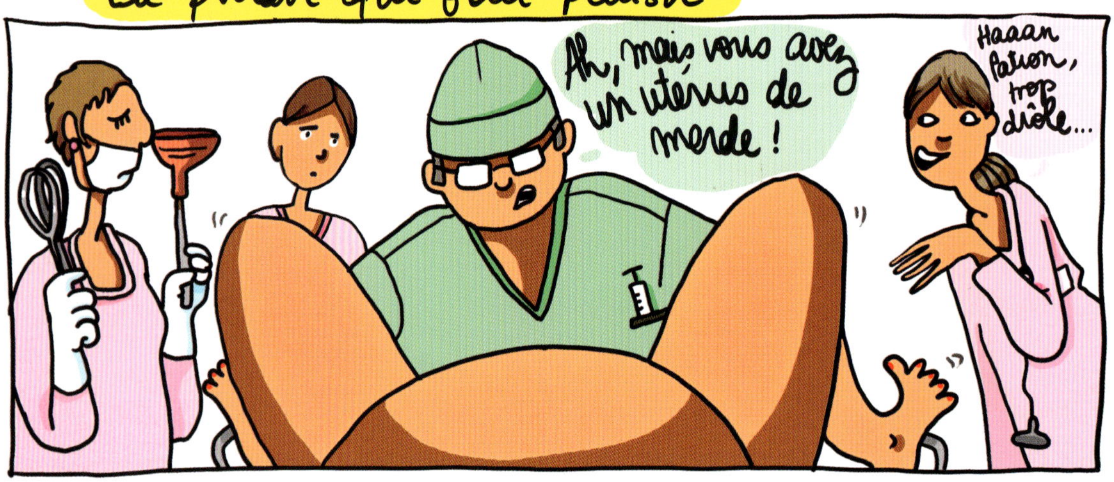

Phrase réellement prononcée par le Dr J.P.E., septembre 2002, clinique générale d'Annecy.

Le mot qui fait vomir
Vous avez pensé aux garnitures ?
VIVRE LIBRE
24 COUCHES ÉPAISSEUR TRIPLE hyper absorbantes
La magie du slip-filet
La lose
Le slip rôti
La garniture (donc)
Le coup du séchoir
Grand moment de solitude...
(M'écrire pour plus de détails...)
La sage-femme tortionnaire
aïe
Faut pas hésiter à tirer pour faire venir le lait !
Les précisions indiscrètes
Je peux plus m'asseoir...
LA DÉCOUVERTE 100% TABOU
(le truc qu'on ne m'avait jamais dit)
Il faut aller aux toilettes AVANT d'accoucher, mesdames.
Car je vous rappelle qu'on pousse pour faire sortir un bébé. Je continue ou vous avez compris ?

La lente descente insidieuse commence ensuite...

D'abord, on vous ramène un bébé hurlant de faim à 3 heures du matin alors que vous venez d'enchaîner dix-huit heures de contractions de merde...

… et que votre chéri vous a dit, aux alentours de 22 heures :

Vient ensuite la découverte
de plein de petits bonheurs inattendus.

le plastique aux couleurs moches

Alors le plastique… le PLASTIQUE. La catastrophe de la déco. Vont débouler dans votre bel intérieur raffiné tout un tas d'objets en plastique pour votre enfant, avec TOUJOURS des couleurs criardes, immondes, ne s'accordant pas les unes avec les autres…

Le désespoir pondéral

Les envies de meurtre

te espèce, sociable
grations et de l'hiver
riale au moment
ion. Les oiseaux
de 3 à 5 ans.
pour la vie
des centaines
il reçoit 1 ou 2 œufs

Sans parler de la touche finale, celle qui vous fait abandonner tout espoir de redevenir frêle et insouciante...

J'ai accouché
y'a TROIS mois.
Fais pas chier.

Mais j'ai fait quoi pour mériter ça ???
ça
ça
ça
ça
ça
ça

Des enfants !
C'était pourtant prévisible !

Quand on devient parent, on se met à prononcer des phrases hallucinantes.
Des phrases qu'on n'aurait jamais imaginé pouvoir dire un jour.

Et par-dessus tout, cette satanée fatigue permanente, avec parfois des conséquences inattendues...

(Situation réellement arrivée à la jeune maman qui a dessiné ce livre, en 2003.)

Cette satanée fatigue permanente, *donc*, et ce léger laisser-aller...

Ha Ha Ha !! Pauvres enfants naïfs et aveuglés...

Votre mère s'est juste enfin lavé les cheveux...

... Ces petites humiliations passagères ...

Non laisse, oublie-moi.
Tu préfères parler à ta chienne.
Soit.
Torrent de larmes dans mon cœur.
Ce

... Ces questions post-partum...

Elle
(Conseil de l'auteur à tout homme avisé :
Ne JAMAIS répondre sincèrement à cette question.)

Bref,
on est quand même
très loin de la vie dont
je rêvais ...

Souvent, les gens ont des théories bizarres pour se rassurer :

Oui. Certes. Je vous entends.
MAIS :
ne pourrait-on pas raisonnablement envisager une hypothèse hallucinante de par son audace, qui consisterait à reconnaître simplement que les enfants peuvent juste être...
... CHIANTS ?!!
mamanmamanmaman !
maman !!!

Petit Ours Brun entend
le bruit de la sonnette
de la porte d'entrée :

DRiiiiNG
DRiiiiNG
DRiiiiNG

Petit Ours Brun entend
le bruit du camion
des pompiers :

PiN PON
PIN
PIN
PON PON

Petit Ours Brun entend
le bruit du tracteur
qui démarre :

Brouum
Brouuuuum
Brouuuuu
Brouu

Petit Ours Brun entend
la musique de la fanfare
du 14 juillet :
Tchaka boum
Tchak
boum
Petit Ours Brun entend
le ronronnement
de l'avion qui décolle :
Vvvooooo
Rhahhh !!!
C'est le père Noël qui va m'entendre !
?
Petit Ours Brun entend
le vacarme du marteau-piqueur
qui fait chier tout le monde
à 8 heures du matin :
BRRRRRRRRRRRRRRRRRR
NOTE DE L'AUTEUR
à l'attention des pères Noël:
Arrêtez d'offrir des jouets qui font de la musique, des sons à la con, des bruits maudits, ou des cris d'animaux.
Pensez aux parents.
AUSSI.

Mais je suis de très mauvaise foi.
Il y a malgré tout cela, et très souvent,
de vrais moments de grâce...

... de pur bonheur...

Du pur bonheur... oui.
Comme celui de vivre à Paris
avec 3 enfants.
voici

MARRE
PUB
Oh ben si vous me payez au black, je peux les garder vos jumeaux... 6 ou 8 enfants, quelle différence ?
C'est 600 par enfant + les repas.
Chips

nnnNOOOONNN!!!
nnNON!!!
Non
Non

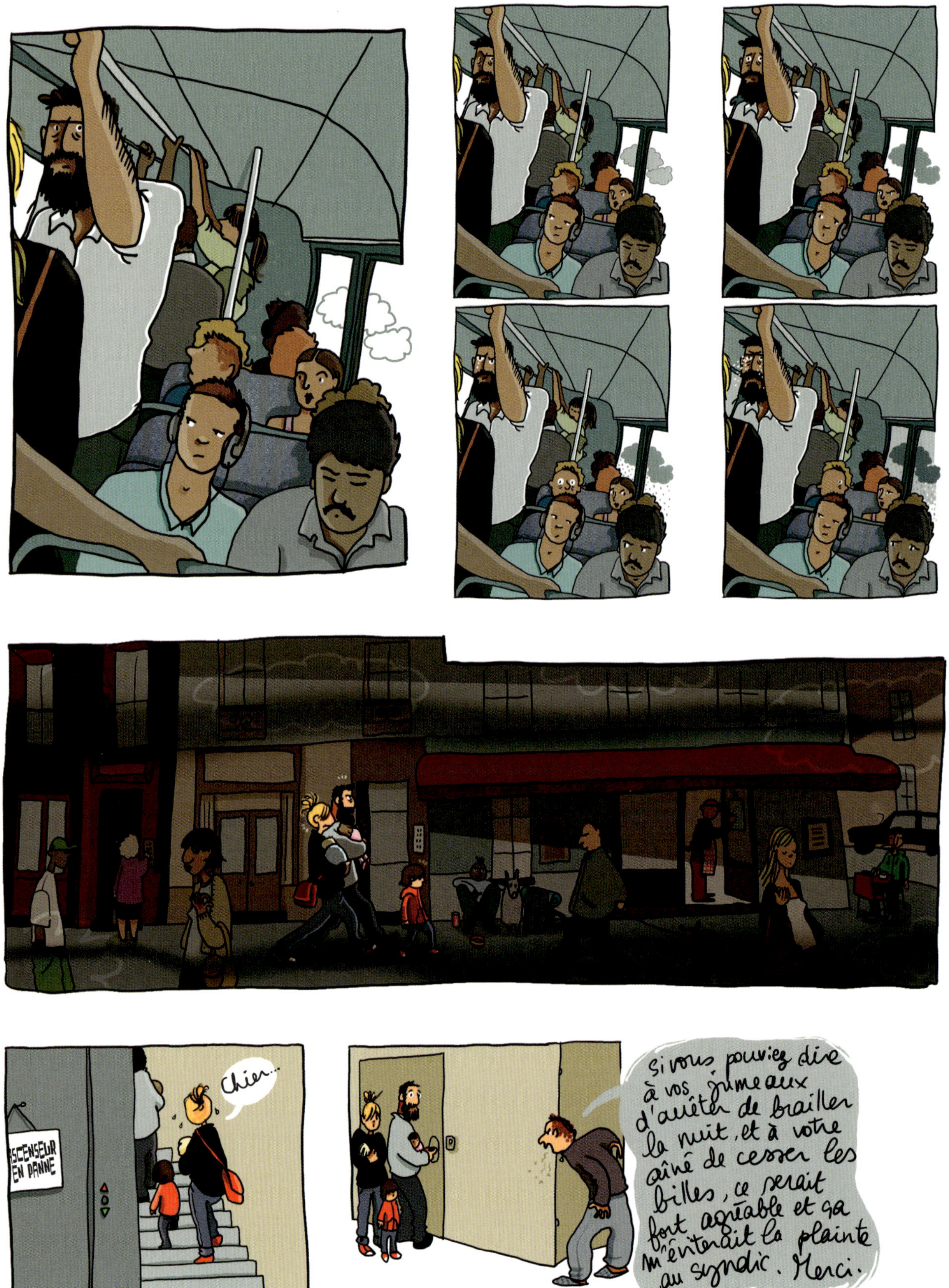
Chier...
ASCENSEUR EN PANNE
Si vous pouviez dire à vos jumeaux d'arrêter de brailler la nuit, et à votre aîné de cesser les billes, ce serait fort agréable et ça m'éviterait la plainte au syndic. Merci.

Caro...
Faut qu'on parle...
Han ?

Tu me quittes ?
Tu me lâches ?
Tu me laisses tomber ?

T'es pas heureux ?
T'es malheureux ?

Tu pars ?
ON part.

Dans les Alpes !
En Nouvelle-Zélande ?
Dans les Landes !
Au Canada...
Je serais gardienne de refuge en haute montagne...
Un rêve !
Skieuse à temps complet !
Menuisier !
Barman à Léon !

Lille ? Il paraît que c'est super beau !
frites
cidre
En Bretagne ? On mangera des crêpes ?
Strasbourg ?
Par là ? C'est joli par là, non ? On connaît pas...
Retour à Dax ? On verra des matchs de rugby et on mangera du canard !
Annecy ? On fera du ski l'hiver et des randos tout l'été !!
PÂTÉ
Toulouse ? C'est rose, c'est girly...
La Corse ? C'est trop beau, j'en rêve !

Les enfants... Votre père et moi avons une grande nouvelle à vous annoncer !
Nous allons partir vivre en Haute-Savoie !
Voilà. Qu'en pensez-vous ? Votre avis est important, c'est un grand virage familial...
Vous êtes d'accord ?

Bien.
Bon.
Je pense qu'ils sont d'accord.
C'est clair, non ?

Mon doudou ! mon doudou
j'ai oublié gros doudou
mais euh !!! OUIINNNN
ça fait trop de bruit
On peut regarder la TÉLÉ
Plus vite ! Moins vite ! Je veux pas DORMIR
Maman ! Maman ? Oh ! une voiture...
J'ai mal au ventre !
un gâteau, maman, maman !! QUAND ?
Pipi ! Maman ? PROUT
Gros pipi
Papa, j'ai faim !
Maman, j'ai soif, de l'eau...
PROUT Popo Pipi Caca... On va où ?
Oh ! un gros camion !
PROUT NON PROUTTTT
Oh, regarde, maman !
J'ai perdu ma chaussure...
Ramasse maman, Ramasse, ramasse !
De l'eau, maman, de l'eau... Tchoupi, je veux
VROUM VROUM VROUM
Tu racontes une histoire, maman ?
On arrive
Je veux pas. ZUT.
J'ai faim. J'ai soif. VROUM.
Hé ! Cosmo il a piqué mon super héros que je jouais avec.
MARRE
Paris - Manigod
Kangoo 4x4
11 heures - 23 heures
LE RECORD DU MONDE
DE PATIENCE EN VOITURE

Ça y est, ils dorment !
Sors le Toblerone, les m&m's et les Nougati !

HOP,
direction donc la Haute-Savoie,
et la magie d'habiter désormais dans un tout petit village.
Je sais que je m'y prends très tard, que l'année est déjà commencée, mais si vous aviez une place, voire deux, même dans 1 an, même 1 heure de temps en temps, même à un prix prohibitif avec bakchich, je prends !

... et tu sais ce qu'elle me répond ?
" Mais pas de problème. Si vous voulez, ils peuvent venir dès demain. "
Connasse, tu mens !
Mais non, j'te jure !
P'tin, c'est dégueulasse : moi je suis enceinte de 4 mois, et j'ai déjà 2 ans d'attente à la crèche du XVIIe...

Apprendre le parler local...

Ici, on "n'enlève pas", on "QUITTE" :
- je quitte mon pull.
- je quitte mes chaussures.
- je quitte mon slip...
Ouais, ça fait cru. J'aurais pas dû quitter mes bottes. Tu peux m'y redonner ?
Ski.
Reblochon.

Ici, le village est tellement petit
que tout le monde connaît celle qui garde ton enfant.

Ici, tu habites tellement loin de tout qu'on covoiture à mort...

Ici, tu ne peux pas égarer ton enfant.

Ici, les enfants sont nourris avec le pain du boulanger du village
et les fromages des fermiers du coin.

La question de la gestion des enfants réglée, il est temps de reprendre pied corporellement. Commençons par un bon régime.

Ce fucking régime "DUKON".

Testé (et absolument pas approuvé).

Dans le régime Dukon, vous avez deux types de "phases".

Mais ce qu'on nous cache, ce qu'on ne nous dit pas, c'est qu'en VRAI, les phases "PP" et les phases "PL", ça correspond à ça :

Tout sur le régime Dukon et les autres,
dans l'excellent livre de Mlle Caroline et Amandine Callireau
Je commence lundi, à paraître aux éditions Delcourt en 2016.

Un régime, ou comment pourrir un déjeuner de copines...

Quand vous faites le régime Dukon,
vous avez la possibilité de vous faire "coacher" par Internet.

Sinon, choisir la solution de facilité, autrement dit la magie, est tentant...

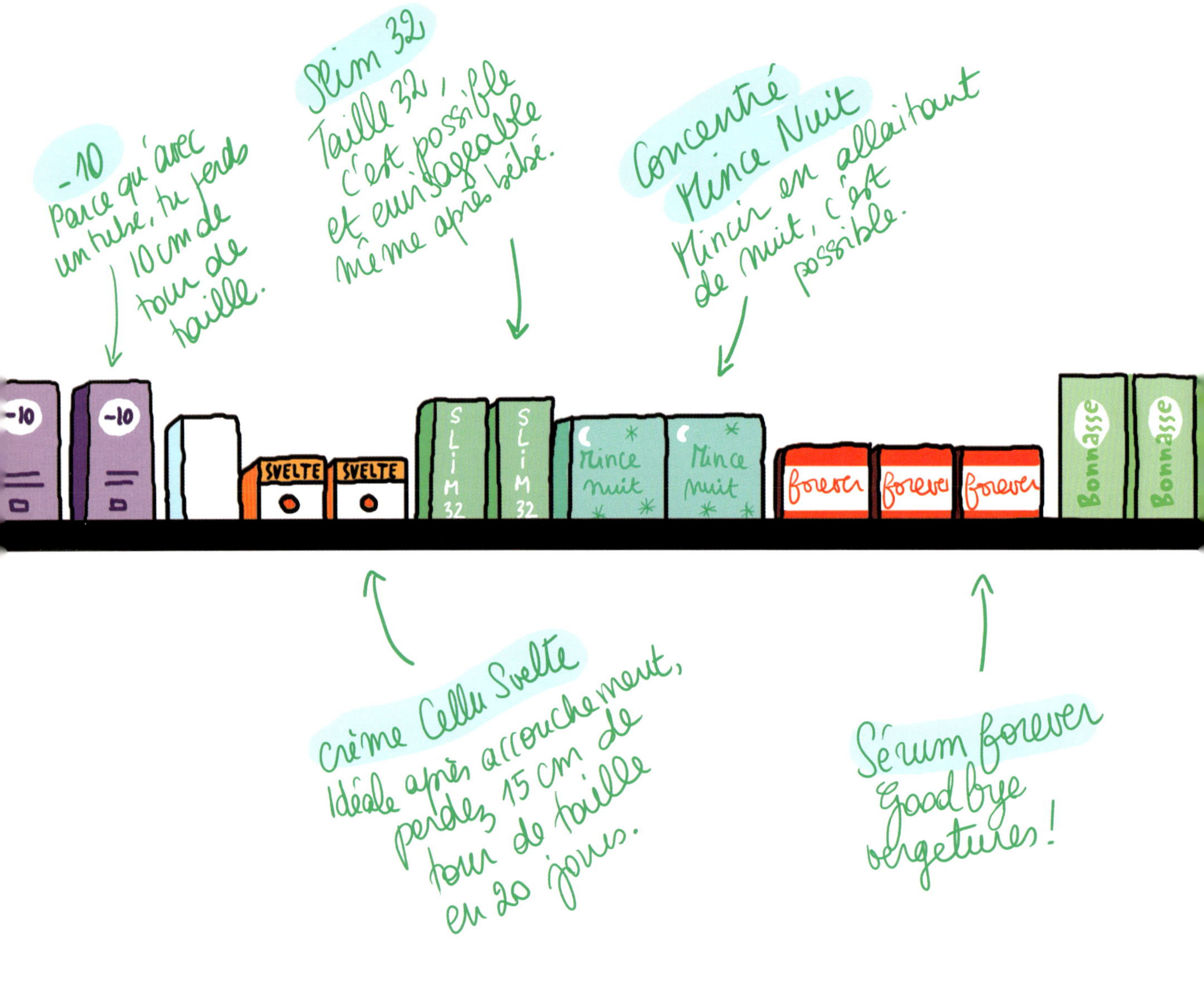

Crème Et après
Effacez toutes traces des 9 mois précédents sans effort.
Bonnasse
Bonnasse
ET APRÈS
ET APRÈS
Gel Bonnasse
Visiblement plus jeune et moins con.
Ouais ouais. Et moi j'suis madonna...

Rien ne vaut le sport pour se refaire une beauté.

Oups.

(C'est à cette occasion
que j'ai découvert que
certaines filles portent un
STRING
pour faire du sport.)

(un STRING !)

Redevenir femme. Se chouchouter.

S'offrir des chaussures, quoi...

l'actrice ?

S'occuper de soi.

J'aimerais vous prendre à témoin(s) tels d'innocents huissiers de justice.
ok
ok
ok
Ce coup-ci, j'ai remarqué du premier coup en rentrant, hop hop tac tac t'as vu, que votre mère, votre jolie mère, votre très chère mère...
...s'est fait une FRANGE !
C'est pas beau.
Il fait des progrès votre père, les enfants !
Oui, mais du coup, t'es mal barrée maman, tu vas mettre quoi dans ta bd maintenant si papa fait attention à toi ?
T'as qu'à dire que ça fait 2 jours que je me suis taillé la barbe et que t'as RIEN vu...

S'occuper de son cerveau aussi.

Sauf que toi, tu es méga dans l'truc, et t'entends pas ses mots sournois, genre tu paniques même pas quand t'entends "Votre compte est à découvert, rappelez-moi..."
Ah ouais. Quand même...
Ouais.
Maman?!
Maman
Maman!
Maman
Maman
Maman?
Tu es calme, sereine, relax : maîtrise des émotions par le calme, c'est la clé en fait. Il m'apprend ça.
Ok, ouais.
Maman
Maman
Maman
Maman
Maman?!
Maman
Maman!
Maman
Maman
Maman
Maman
Mais enfin QUOI, Mirabelle ?
Tu peux pas me lâcher 5 minutes ? Tu vois bien que je parle là, non ? Tu le vois, ça, dans ta tête de petite fille, non ? Hein ?
Alors, arrête de m'appeler comme ça toutes les 2 secondes !
Maman
Mmmm...
Et sinon, tu le revois quand ?
Choc. Bonne pour le psy dans 10 ans.

Et surtout, prendre le taureau par les cornes niveau organisation.

C'était ça ou l'asile. Voici donc :

ma nouvelle vie

Avant, ma vie en général, c'était ça :

7h48
Bon, j'ai pas le temps de me laver les cheveux, on va faire avec du shampooing sec, comme d'hab.
Je me rends compte que cette histoire de shampooing revient très souvent, non ?
7h55
Allez, les fringues de la veille, noires, ça va très bien (et plus vite).
Ouin ! Ouiiiiin ! Ouiiiin !
8h10
Descente pour l'école
8h20
Gros succès à l'école
Stress n°4 (gros)
Maman, je veux pas y alleeeeeeeeeeee
Maman c'est nul l'école !
Maman, tu m'fais pas de bisou devant les copains, hein ?
Ben oui bien sûr, t'as 8 ans, j'te fais déjà la honte...

8h37
Remontée vers l'atelier-
Chalet dévasté par l'ouragan du matin
8h50 → 9h30
Ménage-rangement (pour bosser sereinement)
9h30 13h
Taf. Thé. France Inter
Stress
13h00
Déjeuner devant l'écran, c'est plus convivial...
Stress
et grignotage maximal
chips
Stress
13h00 → 16h00
Taf. Thé. France Inter

DÉJÀ
16h20
Sortie de l'école
C'est PARTi
16h40 Stress
Goûter
"Maman, je veux des bonbons, du chocolat, des gâteaux..."
Stress usant
16h50
Bain/devoirs
"Maman, j'ai rien compris, j'ai de l'eau dans les yeux..."
Stress fatigant
18h30
Dessin animé - cuisine
"Maman, je veux Spiderman, je veux Kirikou, je veux AstroBoy!"
19h00 Dîner
"J'aime pas!"
Stress maximal
20h00 Coucher-histoires
"Encore une histoire!! Encore!!!"
Stress de la journée qui n'en finit pas
J'ai 122 mots invariables à savoir pour demain.
Et moi j'ai 123 images à rendre demain...
On peut regarder Spiderman?
Ah non, moi je veux Kirikou!
21h00 → 2h00
Re-taf, grignot, fatigue, énervement... Arrêter?
stress + 3 kg
2h02
Dodo fort réparateur
(...)

Mais ça, c'était **AVANT**.

Avant que je prenne la meilleure décision du monde : déléguer.

Avant Christine.

Christine, cette sainte femme, 3 soirs par semaine, elle prend mes enfants à l'école, les fait goûter, leur donne le bain, surveille les devoirs et les fait même dîner...

3 fois par semaine

3 x 3h = 9h/semaine

9x4 = 36 h de rab de boulot peinarde par mois !

Et moi, j'arrive comme un homme à... 19 heures !
Suis vannée !
ROUGH TRADE
Autrement dit, juste pour les câlins avant dodo...

Maintenant, nouvelle vie oblige,
ma vie est sublime, super organisée, reposante...
en un mot : méga cool !
7h00
7:00
Debout
Debout
Debout
Debout
Debout
Oui, je me lève, aucun problème : je viens d'encaisser 3 heures de sommeil de plus que lors des nuits de ma précédente vie, alors les doigts dans le nez que j'me lève !
7h15
Mirabelle ha ha, petite farceuse, viens donc te vêtir, ma chérie-chérie !
7h25
Cosmo ! mon chéri adoré que j'aime, reviens donc enfiler ton pantalon préféré, petit coquin !
7h32
Gaspard-amour-de-ma-vie, réveille-toi. Il est l'heure de s'habiller pour aller à l'école voir tes copains après un bon petit déjeuner...
Et quelques câlins de dernière minute...

7h48
Ah, quelle joie de prendre une bonne douche matin ET soir... comme ça, si je n'ai pas le temps de me laver les cheveux le matin, je le ferai le soir... malin, non?
7h55
Tintintin : tranquillou, je me pare de mes plus belles fringues, que j'ai eu le temps de préparer dans la joie la veille...
(Là, j'exagère un peu...)
8h10
Descente pour l'école en chantant.
Plutôt mourir que de pas finir ma banane
8h20
Au revoir dans le calme et la confiance.
Maman, t'es trop belle, tu peux me faire un bisou si tu veux !

8h28
Descente pour... mon bureau à... Annecy !
Je suis la Reine d'Angleterre et je vous chie à la raie
Bonjour tous mes amis ! Je vous aime !!!
9h13
Arrivée au bureau ! Et là attention les yeux, je dis bonjour à Guillemette, Vincent, le Magicien, Ryan Gosling (le sosie), Aurélien, Morgane, Mathieu, Lionel, Simi, Jérome, Stéphane, Caro et sa stagiaire Margaux, parfois Louis et Perrine et Lucie... Et j'en oublie !
Et là ATTENTION : je bosse pour de vrai de 9h30 à 18h15. Et ça change TOUT !

Et même, si je veux, je peux :
Manger des sushis avec une copine ! (Fou...)
Faire de la gym !!!
Raah ! Je les veux, je les désire !
Faire du shopping...
Belles, pas si chères...
Élégantes
36 heures de boulot en moins la nuit !
Je redécouvre les soirées DVD !
On se refait "Twin Peaks" ?
...de lire...
ELLE
J'ai le temps de me faire les ongles et me laver les cheveux...
... et DORMIR !
(plus de 5 heures par nuit)
ET DONC MOI JE DIS :
"le free-lance, c'est bien quand on bosse comme un salarié."
Sauf quand tu finis un livre que tu dois le rendre vite-vite, ben tu bosses quand même la nuit. (Là par exemple il est 01h27.)

Bon, bien sûr, il y a des hics. Sinon c'est pas drôle.
Habiter en montagne, par exemple, ne facilite pas les choses.

Putain mais il est où ce connard de chasse-neige ?!

Habiter en montagne ET loin de tout, ça aide pas.

Tiens, c'est marrant, j'ai pas super envie de prendre la poussette double, de faire un sac rempli de couches/lingettes/bavoirs/bibs de flotte, de penser aux doudous, de leur enfiler blousons/gants/bonnets, de les trimballer jusqu'à la voiture dans 50 cm de neige pour qu'on s'aperçoive au bout d'1/2 heure qu'ils crevent de faim et qu'il faut rentrer.
On prend ma trottinette ?!!

Non parce que franchement, c'est fatiguant un enfant...

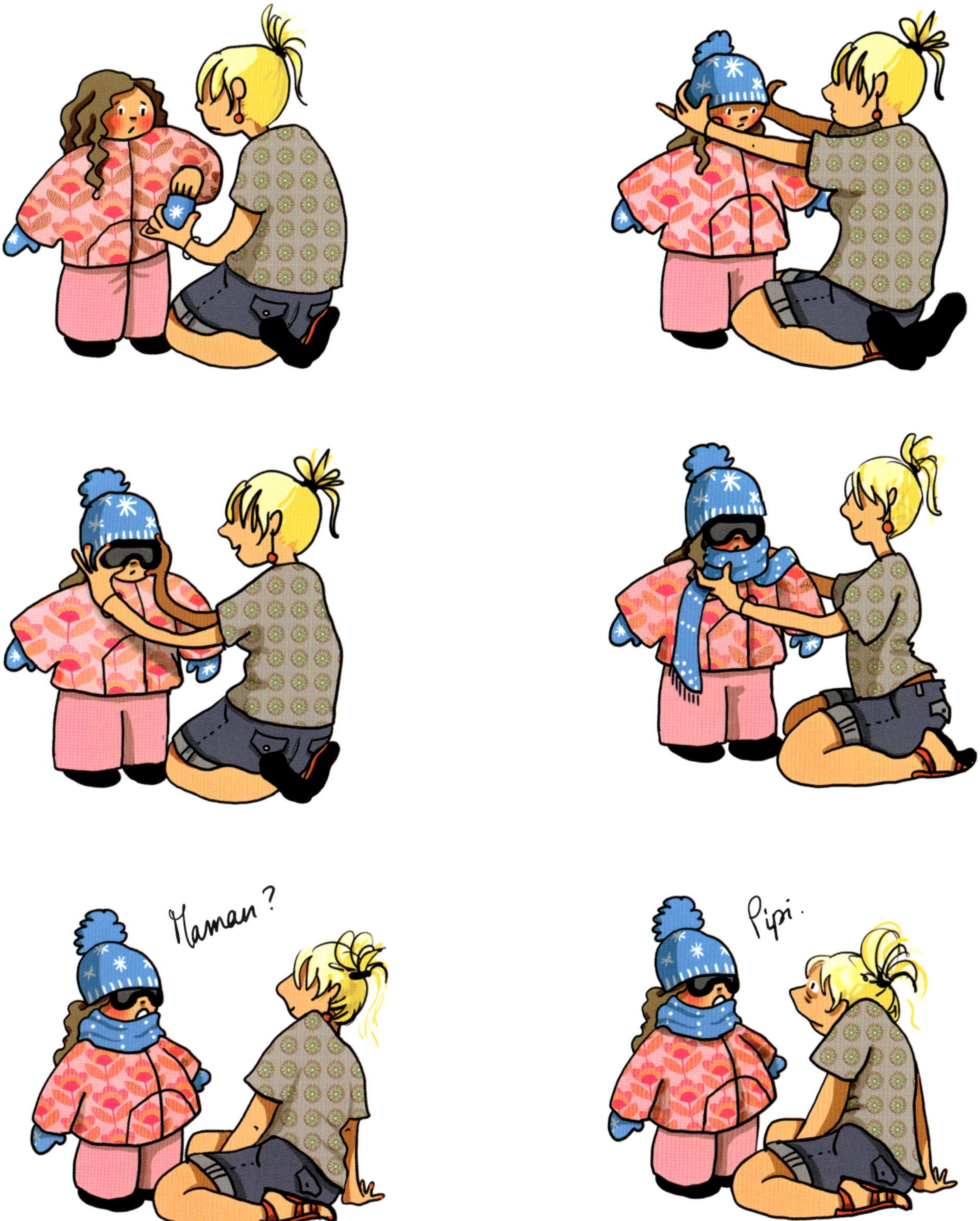

Usant, même.

L'autre hic, quand on est parent, consiste à avoir des enfants...

L'enfant est TOUJOURS malade quand il ne faut SURTOUT pas.

18 h 00
38,8 °C, et toi ?
Ici on a 39 °C !
19 h 00
Oh là ! 39,1 °C...
Ah ? 39,1 °C aussi !
20 h 00
Bon... 38,7 °C...
38,5 °C... Ça va mieux.

Et quand il n'est pas malade, ça n'arrange pas non plus forcément...

Réaction possible :

Et penser à prévoir les jours fériés.

(Le free-lance n'a pas vraiment de jours fériés, c'est un problème, et ça peut provoquer quelques crises d'angoisse.)

Et puis, il y a

LE PIÈGE :

"le-coup-de-fil-inattendu-de-la-directrice-d'école-affolée-paniquée-pressée".

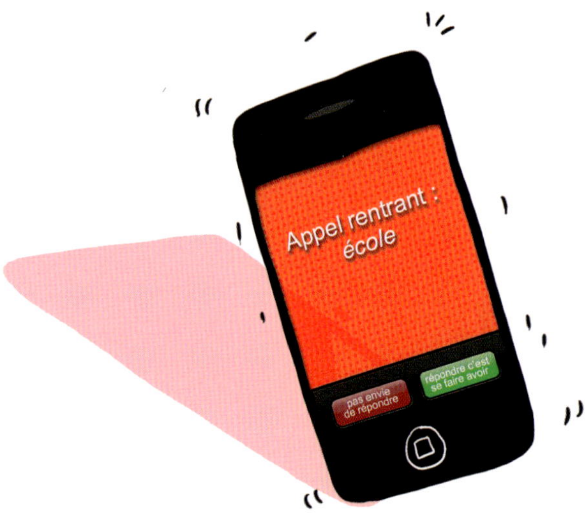

Bien sûr, vous irez.
Vous accourrez à toute vitesse, et vous vous ferez avoir.
Car la petite chérie avait juste envie d'être avec sa mère
et de faire pipi.

Maman, maman ?
Maman, regarde !
Maman, viens voir !
Maman, viens !
Maman, j'ai faim !
Maman ?
Mamaaan !!
Maman tu m'aides ?
Maman
Maman
Papa ? Euh non : maman !
POPO
Maman Maman !!
Maman, tu viens ?
Maman, on joue ?
Pipi popo, maman ?!
Maman

Maman, t'es là ?
Regarde, maman !
Prout, maman !
Maman, regarde !
Mamaan ?
Maman ? ouh ouh !
aaaaaaaaaaaah
Pipi, maman
Maman, tu réponds ?
Maman, j'ai vomi.
Maman
Maman !!
Maman, viens !
Regarde, maman !
Maman
Maman

FÊTE DES MÈRES

Laisse, tu l'feras demain.

Petit à petit, on trouve ses marques et la vie reprend son cours...

Je peux aller faire les courses ce matin si tu veux ...
?

Maman, il est où mon T-Shirt des Beatles ?
Dans ta commode, deuxième tiroir, à droite…
Maman ? Elle est où ma pelleteuse électronique à jets multi-fonctions ?
Dans la bibliothèque, dans le coffre de droite.
Maman, elle est où ma poupée qui fait pipi et vomit partout ?
Dans ton lit, sous ton oreiller, à côté de ta culotte Dora.
La sale.

Caro ! Je cherche le coca depuis 1/2 heure !
Sous tes yeux.
"Allô, mademoiselle Caroline, on cherche le jpeg version déf."
Il est dans le mail du 14/10, envoyé à 12h35, dans le dossier "Amour" compressé zip.
QUOI ?
Mais rien, je suis juste un chien qui passe.
Ma vie est donc un perpétuel "MEMORY"...
*Le **MEMORY** est, comme son nom l'indique, un jeu basé sur la mémoire. Les objets sont disséminés partout dans la maison de Mlle Caroline. À elle de les retrouver le plus vite possible.*

Bonjour,
je peux vous aider?

Oui, sans doute : je cherche un cadeau pour l'anniversaire de mes jumeaux.
Voyons... Quel âge ont les enfants ?
3 ans.
Ok. Et le deuxième ?

Il est même parfois bon d'être parent, d'avoir de petites joies sadiques.

Pourtant, ça partait mal...

Je veux pas...
Non, non, non, non...
Non...
NOOOOON...
Caro ?! C'est l'heure.
Nan. Veux pas

Là.
Collabos !
Mademoiselle Caroline ??
11h45 : Mademoiselle Caroline 2 dents de sagesse
Non ?
Vous me suivez ?
Pardon, ma chérie.
Ah.
Si.
Allons, allons… ne vous inquiétez pas, on fait ça à longueur de temps, en 1/2 heure c'est réglé…
BLOC OPÉRATOIRE

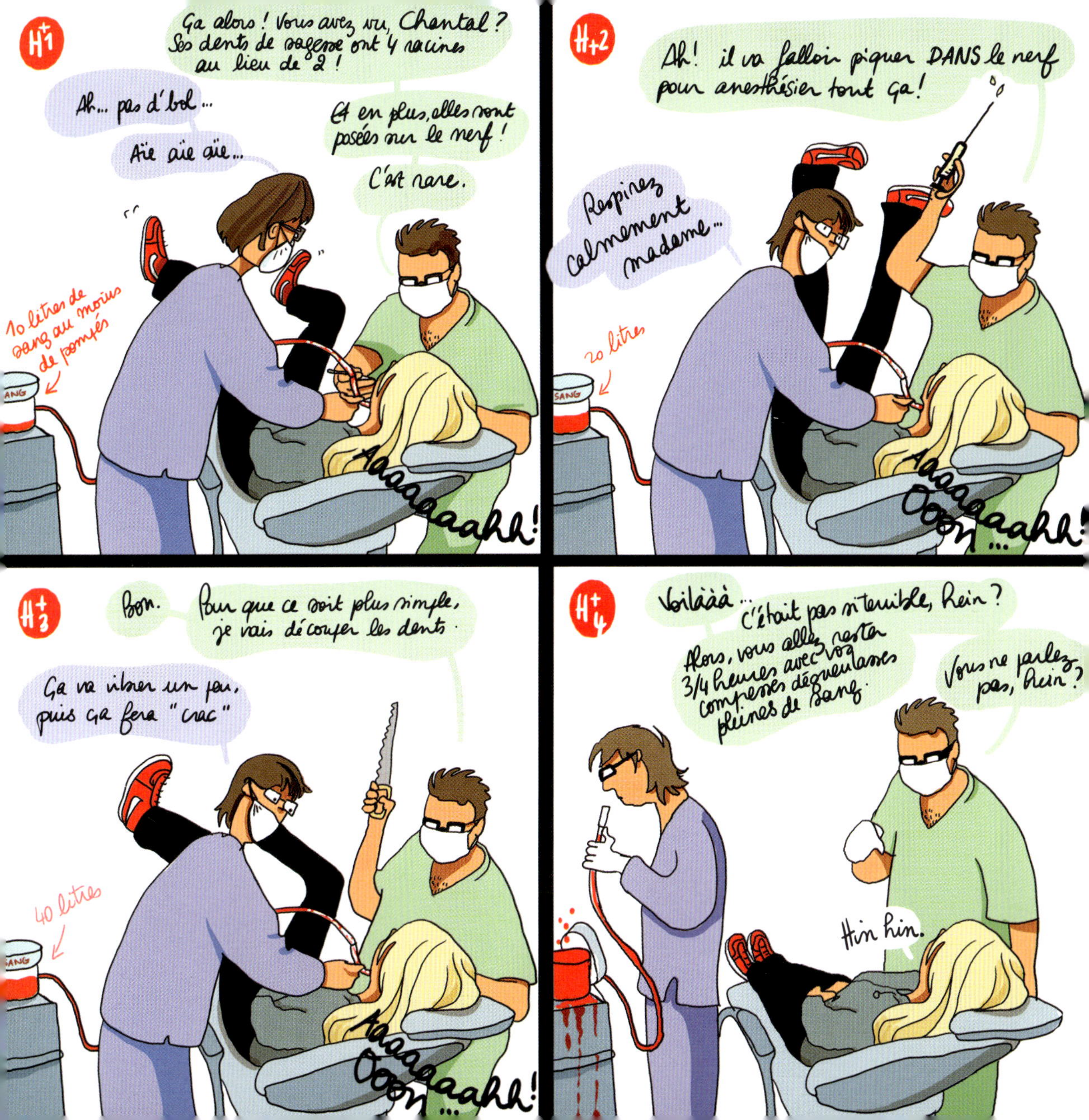
H+1
Ça alors ! Vous avez vu, Chantal ? Ses dents de sagesse ont 4 racines au lieu de 2 !
Ah... pas d'bol...
Aïe aïe aïe...
Et en plus, elles sont posées sur le nerf !
C'est rare.
10 litres de sang au moins de pompés
SANG
Aaaaaaaaahh!
H+2
Ah ! il va falloir piquer DANS le nerf pour anesthésier tout ça !
Respirez calmement madame...
20 litres
SANG
Aaaaaaaaahh! Ooon...
H+3
Bon.
Pour que ce soit plus simple, je vais découper les dents.
Ça va vibrer un peu, puis ça fera "crac"
40 litres
SANG
Aaaaaaaaahh! Ooon...
H+4
Voilààà... C'était pas si terrible, hein ?
Alors, vous allez rester 3/4 heures avec vos compresses dégueulasses pleines de sang.
Vous ne parlez pas, hein ?
Hin hin.

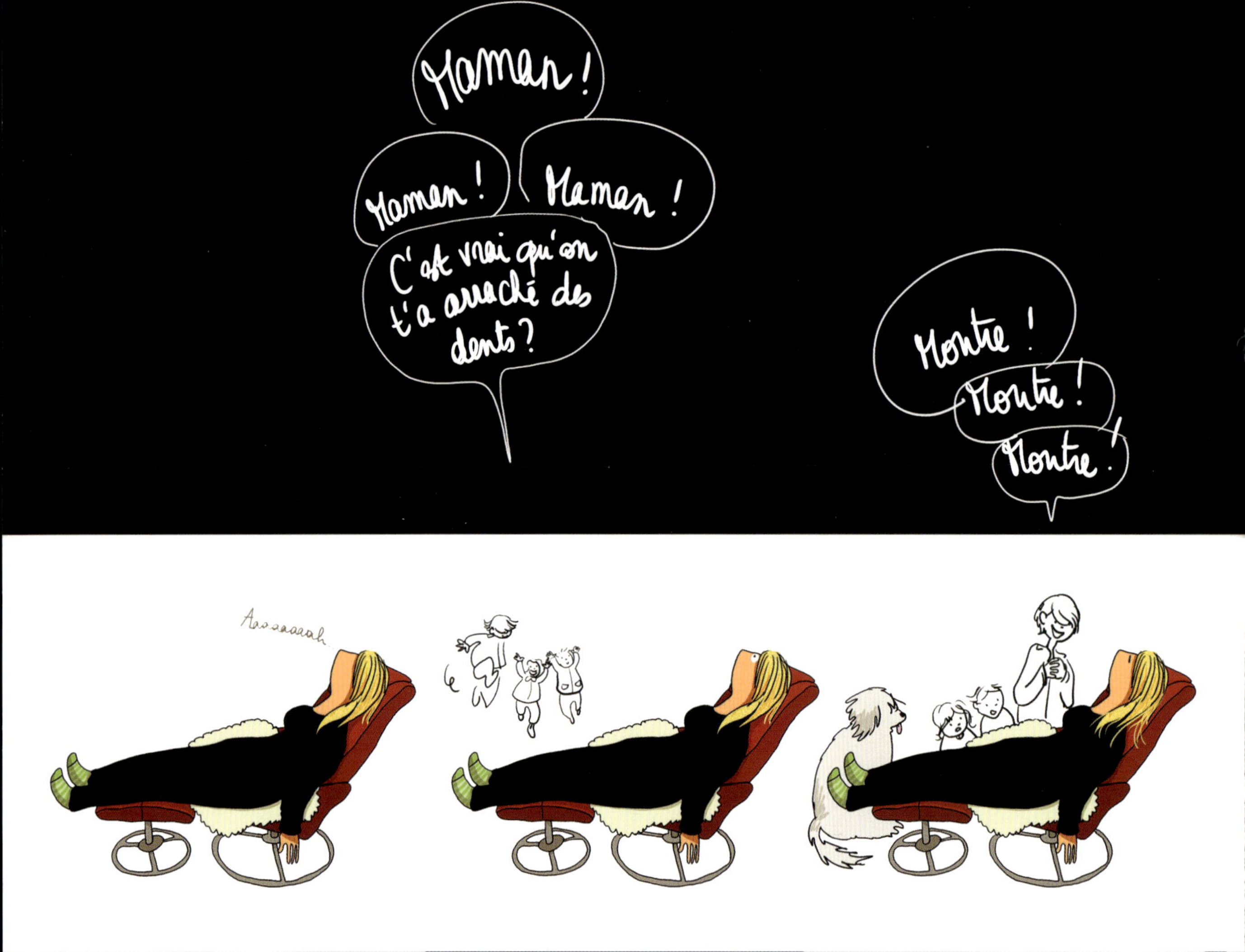
Maman !
Maman !
Maman !
C'est vrai qu'on t'a arraché des dents ?
Montre !
Montre !
Montre !
Aaaaaaaah

Ça partait mal, mais quelle régalade à la fin !
(1 jours de cauchemars... Merci maman.)

Tiens Caro, qu'est-ce que tu fais en ville ?
J'ai emmené Cosmo chez l'ophtalmo parce qu'il se prend tellement de bûches qu'on ne sait pas s'il est con ou s'il voit rien...

Ah ? Et alors ?
Ben...

Il voit très bien.

La désormais célèbre histoire du FLANBY,
le plus gros *fail* de toute ma carrière de maman.

Pour aller plus vite, on peut presser un peu. Hop.
On attend. Encore.
Bon.
Ça fonctionne pas.
C'est quoi ce bordel ?
RAF ! Viens voir : les nouveaux Flanby, ils marchent pas !

Ah?
(Regard perspicace de l'homme.)
(Étude sur le terrain.)
Papa est là On ne risque plus rien.
Caro. Tu fais chier.
T'as pas enlevé l'opercule.
Idiote.

Ah ouais dis donc !
Quoi ? Y a 2 minutes vous ne saviez même pas que ça existait, les Flanby !
Alors, vos petits regards supérieurs, vous pouvez les garder !
Heu...
... C'est pas bon, en plus.
Ouais, c'est dégueu.

Avoir trois enfants, c'est bien.
En avoir quatre, c'est trop.
J'te préviens Raf, on va à cette soirée, mais demain c'est pas moi qui me lève à 7 heures pour les enfants !
Meuh non…
Whah !
Jimmy Somerville, génial !

Viens là mon Bon louis ! que je t'embrasse !
22h
Pierre ! le mec là, il VOLE mon vélo !
Ouais ben c'est cool.
Vas-y, c'est qui ? Que j'lui pète la gueule !
Hop Hop, T'as vu la cascade ma poule ?
P'tin Raf ! je vois rien !!
Nous sommes sauvés, j'ai trouvé le nord…
Ben si…

Et puis un jour, on se rend compte qu'en fait, un enfant, ça grandit.
Ça commence à se débrouiller seul. Ça devient "utile".
Voire drôle... quitte à prendre un coup de vieux.

Blague compréhensible uniquement si vous êtes né avant 1991.

Le « Twix » était appelé « Raider » en Allemagne, Autriche, Belgique, Danemark, Finlande, France, Pays-Bas, Portugal, Suède et Suisse jusqu'en 1991, où son nom a été changé pour correspondre à la marque internationale.

Bon sang...
...Je refuse que ma fille soit un jour une adolescente.

... Oui, reste plutôt comme ça, ma chérie.
Fraîche et délicate.
Mamaaan !
Maman, il est nul ce sac !
Tu rigoles ? Je viens de te l'offrir !
Oui, mais regarde quand je le porte,
...il glisse.
Ça tient pas.
nul.
Mais non, bichette, regarde, je vais te montrer.
Quand les anses du sac sont toutes petites tu le portes au coude.
Là, comme ça.

Tu vois?
Ça tient bien comme ça!
Pfff...
N'importe quoi!
Comment ça, "n'importe quoi" ???
Je sais ce que je dis!
Les filles à la mode, elles les portent comme ça, leurs sacs!
Moi-même, parfois, je le porte comme ça!
...
Mmm?
Mais...
mais...
maman?
T'es pas à la mode!

Et gentille.

Dans le genre "frais"...

Ce
Bonjour madame !
Bonjour, mon petit.
Qu'est-ce qu'il te faut ?
Je voudrais une
BRAGUETTE
s'il vous plaît !
!

BLAH BLAH BLAH BLAH
BLAH BLAH BLAH BLAH BLAH BLAH
BLAH BLAH BLAH BLAH BLAH BLAH
BLAH BLAH BLAH BLAH BLAH BLAH
BLAH BLAH BLAH BLAH
BLAH BLAH BLAH BLAH
BLAH BLAH BLAH BLAH BLAH BLAH
BLAH BLAH BLAH BLAH BLAH BLAH
BLAH BLAH BLAH BLAH
BLAH BLAH BLAH BLAH BLAH BLAH
BLAH BLAH BLAH BLAH BLAH BLAH
PROUT!

M'enfin, Cosmo ! C'est dégoûtant ! On ne pète pas comme ça devant tout le monde !
Ben non...
Oh s'excuse !
Alors, qu'est-ce qu'on dit ?
Ben...
Merci !

QUELQUES CONSEILS MAINTENANT

1 – Réfléchissez avant de choisir les activités sportives de vos enfants.

Jusqu'à ce jour, j'étais très critique vis-à-vis de ces pubs où tu vois une pauvre mère de famille dire :

Je me disais :

Jusqu'à ce jour, donc...

BUDGET LESSIVE : 300 € par mois.
BUDGET VOITURE : 8 allers-retours par semaine pour les entraînements + 1 les week-ends pour les tournois.
BUDGET OSTÉO : 5550 € par an.
BUDGET PELOUSE : prévoir un remplissage gazon tous les ans.

MAIS le rugby façonne des gars costauds avec de belles valeurs, et ça, ça n'a pas de prix.
(Je ne suis pas payée par la FFR, mais j'ai la licence.)

2 – Laissez votre cœur fondre.

BUDGET AMOUR : gratuit.
BUDGET LÂCHER-PRISE : gratuit.
BUDGET RETOUR EN ENFANCE : gratuit.

3 - Soyez prêtes à répondre à toutes les questions.

Ça me pendait au nez :
ça fait 6 ans que je lui dis
que je suis une princesse,
Et que les princesses ne pètent pas.
Ne chient pas.
Pas même un petit popo à la rose.
Avec des paillettes.
Rien.

Il me croyait.

BUDGET HUMILIATION : open bar.

1 - Abandonnez toute notion de dignité.

On range son désir de liberté.
Voilà.
Et voilà.
Là débute le problème :
on se met à ranger les affaires
DES
AUTRES !
La chemise de l'homme, qui te faisait rosir d'émotion AVANT...
... ben tu peux plus la voir !
Putain, tu peux la mettre au sale ta chemise au lieu de la laisser traîner ?
Merde quoi.
La gamelle du chien, ben t'en peux plus de la voir au milieu.
Aaaahhh
Aaaahhh
Celle du chat, tu hurles dès que tu la vois renversée.
Hurle
Hurle
Hurl
Hurle

Et puis bien sûr, les enfants et leur désordre ...
Raaah...
... leurs jouets ...
... leurs vêtements ...
Leurs T-shirts sales à côté du panier
Les vieilles chaussettes dépareillées
Les jeans par terre
Les pantoufles jamais enfilées
... et leurs sous-vêtements ...
La petite culotte
Le caleçon genre "pull-in" (mais NON Gaspard, je refuse de t'acheter un calebard à 40 €)
Le caleçon avec des monstres dessus qui a fait auparavant le grand frère et qui est tout détendu de l'élastique...
Et donc ... PROBLÈME.
Propre ?
Ou sale ?

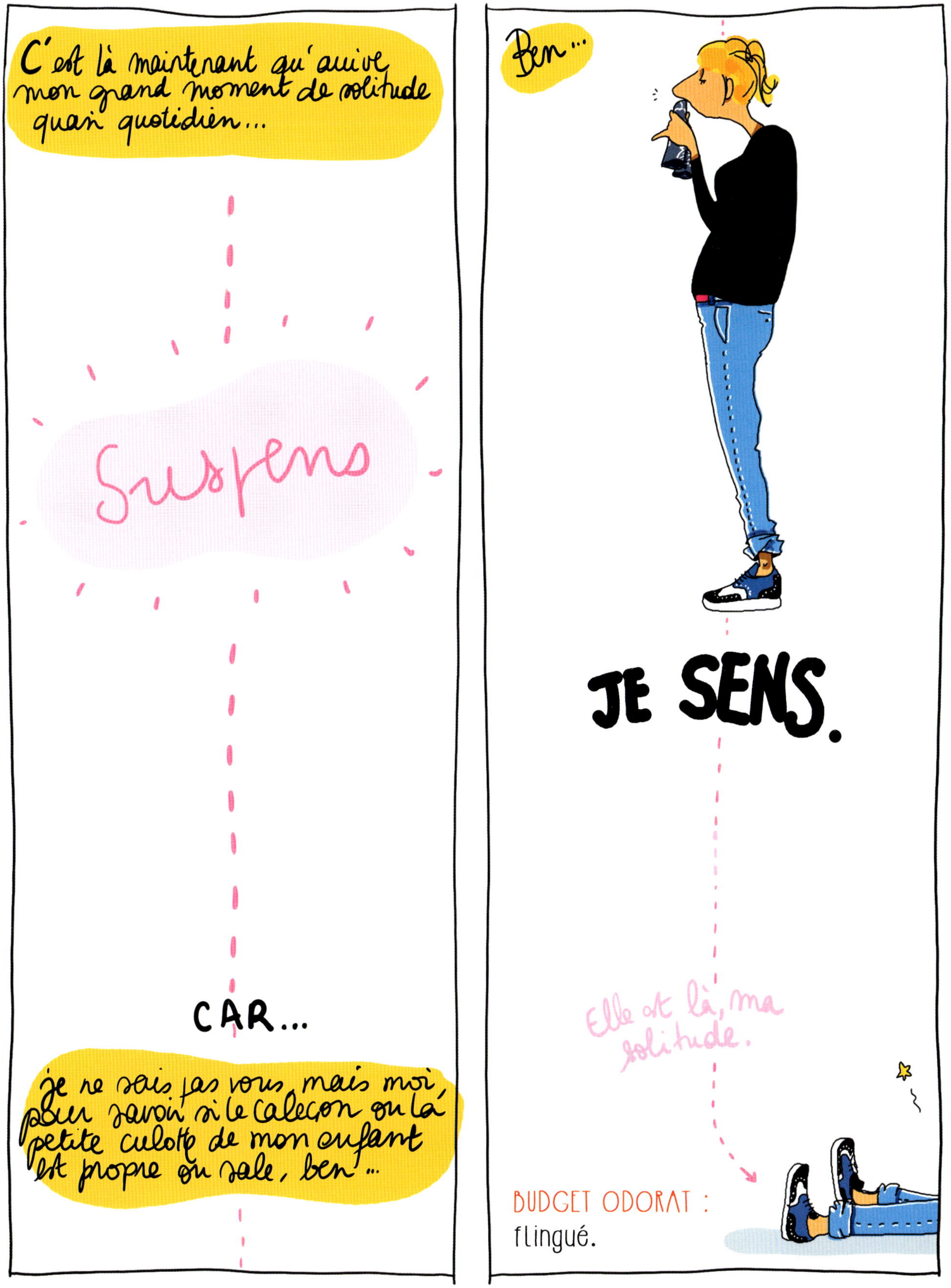
C'est là maintenant qu'arrive mon grand moment de solitude quasi quotidien...
Suspens
CAR...
Je ne sais pas vous, mais moi, pour savoir si le caleçon ou la petite culotte de mon enfant est propre ou sale, ben...
Ben...
JE SENS.
Elle est là, ma solitude.
BUDGET ODORAT :
flingué.

5 - Restez créatives.

BUDGET FARINE-SUCRE-BEURRE : 3 €.
BUDGET POÉSIE : 1589 €.

6 – Laissez votre ego au vestiaire.

BUDGET INSCRIPTION SALLE DE SPORT : renseignez-vous à l'accueil.

Code promo: "Caroline".

Fuck.

Ouais, et ben chez papi et mamie, j'ai carrément été obligé de me brosser les cheveux !
I ♥ MY MUM

7 – Et surtout, écoutez vos moments de ras-le-bol, prenez-les au sérieux.

Ben non... Trop pas !

C'est karaté kid !
BUDGET DÉCEPTION : 5893 €.
BUDGET PSY : 12 € la séance chez mon psy, prise en charge.

8-Parfois, n'hésitez pas à fuir la routine.

Non... pour rien...

Aah !! Paris !
Les apéros ...
Porter un joli sac
Pouvoir mettre des talons hauts
Les copines !!
Le cinéma en V.O.
I love you, Caroline.
Dîner à l'Escargot bar
"Bô boeuf"
xxx
1 bon petit Chinon (je crois) à deux ♡ avec Charlotte
"kitu chocolat"

Dîner au Janissaire
Concombres au yaourt
Concassée de tomates
Pain
Roulé au fromage
Caviar d'aubergines
Tarama
Truc en feuille de vigne
YAKUT
"ie" !
citadium
Le Citadium !
La cuisine japonaise à tous les coins de rue...
TAXi
De Gare de Lyon à Michel Bizot
15 €
Les notes de taxi
Le corner "sac" du printemps.
La bougie parfumée d'Eric...
L'apéro Nung
Rosé
Biscuits
Curly
Anchoïade
Tapenade
Les expos, les vernissages...

... et le métro !

1

Mes loulous !!!
Swinkels

La maternité est un piège et l'enfant une arnaque :
9 fois sur 10, on souhaiterait être ailleurs,
mais dès qu'on est ailleurs, cela nous manque...

Finalement, rendons les armes et faisons-nous une raison :
cette arnaque est délicieuse !

Merci

à vous mes 4 fantastiques.

Du même auteur, chez le même éditeur :
- *Chute libre*
- *Enceinte ! C'est pas une mince affaire*
- *Le Mariage pour les nuls*
- *Touriste* - scénario de Julien Blanc-Gras

À paraître en mai 2016 : *Je commence lundi*

Du même auteur, chez City Éditions :
- *Quitter Paris*

Retrouvez Mademoiselle Caroline sur son blog :
www.mademoisellecaroline.com

Ouvrage dirigé par Sophie Chédru

Dépôt légal : juin 2015. ISBN : 978-2-7560-7741-3
Première édition

Conception graphique : Trait pour Trait et Mademoiselle Caroline

Achevé d'imprimer en France en décembre 2015

www.editions-delcourt.fr

n°1
mondial
MAGISTRALEMENT ÉLUE
Maman
de
l'année
par ses gentils enfants qui auront
donc de la glace au dessert ce soir.
Mademoiselle Caroline